AF223537

L b 48 2674

RELATION

DES DERNIERS MOMENS

DE S. M. LOUIS XVIII.

A PARIS, DE L'IMPRIMERIE DE LEBÈGUE,
RUE DES NOYERS, N° 8.

RELATION,

JOUR PAR JOUR,

HEURE PAR HEURE,

DES DERNIERS·MOMENS

DE S. M. LOUIS XVIII,

RECUEILLIE SUR DES DOCUMENS AUTHENTIQUES
ET INÉDITS,

SUIVIE

DE DIVERSES ANECDOTES SUR CE PRINCE;

PAR RICHARD.

Prix : 2 francs.

PARIS,

AUDIN, QUAI DES AUGUSTINS, N° 25;
UR. CANEL, PLACE ST-ANDRÉ-DES-ARTS, N° 30;
PONTHIEU, PALAIS-ROYAL.

16 septembre 1824.

LES
DERNIERS MOMENS
DE
LOUIS XVIII.

Lundi 13 septembre 1824.

Depuis plusieurs jours c'était un bruit public répandu dans la Capitale que les souffrances du Monarque augmentaient graduellement. La veille même de la fête de saint Louis, le Roi avait fait sa promenade accoutumée en calèche ; mais on avait remarqué que cette promenade avait été moins longue qu'à l'ordinaire ; la calèche était découverte, et on avait pu voir que la tête du Roi était affaissée et tombait presque sur ses genoux. Dès-lors des bruits alarmans sur la santé du Prince circulèrent, auxquels on refusa d'abord de croire, et qui n'étaient malheureusement que trop fondés. Cet amour national du Français pour ses Rois, et qui s'est manifesté si énergiquement dans ces derniers jours, aux aguets, pour ainsi dire, recueillait les moindres paroles tombées des lèvres de ceux qui approchaient le Prince, interprétait des signes muets, cherchait à lire sur la figure des courtisans, et ingénieux à se tromper, doutait de ce qu'il voyait et de ce qu'il entendait. Enfin ces lignes qu'on lut dans l'Étoile du dimanche 12 septembre, dissipèrent toutes les illusions :

Nouvelles de la Cour.

Le Roi n'a point reçu aujourd'hui.

S. M. ne recevra demain lundi ni les hommes ni les dames.

S. A. R. Monsieur a reçu les ministres et les grands dignitaires du Royaume.

On publiera demain un bulletin officiel de la santé de Sa Majesté.

LL. AA. RR. les Princes et Princesses de la famille Royale ont entendu la messe dans la chapelle du château.

LL. AA. RR. Monseigneur et Madame, duchesse d'Angoulême, ne recevront pas les dames demain lundi.

Le lundi arriva et toutes les feuilles répétèrent ces tristes bulletins :

CHAMBRE DU ROI.

Premier Bulletin de la santé du Roi.

Aux Tuileries, le 12 septembre 1824,
six heures du matin.

Les infirmités anciennes et permanentes du Roi ayant augmenté sensiblement depuis quelques jours, sa santé a paru profondément altérée et est devenu l'objet de consultations plus fréquentes : la constitution de Sa Majesté et les soins qui lui sont donnés, ont entretenu pendant plusieurs jours, l'espérance de voir sa santé se rétablir dans son état habituel ; mais on ne peut se dissimuler aujourd'hui que ses forces n'aient considérablement diminué, et que l'espoir qu'on avait conçu ne doive aussi s'affaiblir.

Signés : PORTAL, ALIBERT, MONTAIGU, DISTEL, DUPUYTREN, THÉVENOT.

Le premier Gentilhomme de le chambre du Roi,

Comte de DAMAS.

(8)

Deuxième Bulletin de la santé du Roi.

Dimanche, 12 septembre, neuf heures du soir.

La fièvre a augmentée dans cette journée, il est survenu un grand froid dans les extrémités : la faiblesse s'est accrue ainsi que l'assoupissement : le pouls a été constamment faible et irrégulier.

Signés : PORTAL, ALIBERT, MONTAIGU, DISTEL, DUPUYTREN et THÉVENOT.

Le premier Gentilhomme de la chambre du Roi,

Comte de DAMAS.

Deux arrêtés, l'un du ministère de l'Intérieur, et l'autre du ministère des Finances, ordonnaient la fermeture des spectacles et de la bourse. Ces arrêtés étaient ainsi conçus :

MINISTÈRE DE L'INTÉRIEUR.

Le Ministre Secrétaire-d'Etat au département de l'intérieur,

Vu le bulletin de la santé du Roi, en date de ce jour,

Arrête ce qui suit :

Art. Ier. Les spectacles et tous les autres lieux de fêtes publiques, seront, dans tout le royaume, à la réception du présent arrêté, fermés jusqu'à nouvel ordre.

II. Le Préfet de Police, dans le département de la Seine, et partout ailleurs les préfets des divers départemens, sont chargés de l'exécution du présent arrêté.

Fait à Paris, le 12 septembre 1824.

CORBIÈRE.

MINISTÈRE DES FINANCES.

Le Ministre Secrétaire-d'Etat des Finances,

Vu le bulletin de la santé du Roi, en date de ce jour,

Arrête ce qui suit :

Art. Ier. La Bourse de Paris sera fermée jusqu'à ordre contraire.

II. Le Conseiller-d'Etat Préfet de Police est chargé de l'exécution du présent arrêté.

Fait à Paris, le 12 septembre 1824.

JH. DE VILLÈLE.

Des prières pour la santé du Roi avaient été demandées aux Archevêques et Évêques du Royaume par Monseigneur l'Evêque d'Hermopolis. La circulaire du Ministre des affaires ecclésiastiques fut bientôt connue; elle était ainsi conçue.

MINISTÈRE

DES AFFAIRES ECCLÉSIASTIQUES ET DE L'INSTRUCTION PUBLIQUE.

A MM. les Archevêques et Évêques du Royaume.

Paris, le 12 septembre 1824.

Monseigneur,

Je suis dans la douloureuse nécessité de vous informer que l'état de santé où se trouve le Roi, donne de vives inquiétudes : tous les cœurs français et chrétiens doivent se réunir pour implorer sur une tête si auguste et si chère les bénédictions du Ciel. Votre dévoûment à la personne sacrée du Monarque et le zèle qui vous anime vous dicteront tout ce qu'il est convenable de faire dans cette conjoncture.

Veuillez, Monseigneur, agréer l'hommage de mes sentimens respectueux.

Le Ministre Secrétaire-d'État au département des affaires ecclésiastiques et de l'instruction publique,

D. Év. D'HERMOPOLIS.

'On apprit encore que des prières publiques avaient été ordonnées par Monseigneur l'Archevêque de Paris. Le mandement qu'il avait publié à cette occasion fut bientôt dans toutes les mains.

»Le Roi Ezéchias, disait Monseigneur, si renommé dans Israël par sa piété, son courage et la bonté de son cœur, tomba dans un état de maladie qui fit craindre pour ses jours ; il fut malade jusqu'a la mort, dit l'Ecriture : *Ægrotavit Ezechias usque ad mortem* [*]. Le prophète Isaïe était venu lui annoncer qu'il fallait mettre ordre aux affaires de sa maison, parce qu'il ne devait pas en relever : *Morieris tu, et non vives* [**].

»Cependant le Seigneur, touché des larmes et des prières qui avaient été répandues en sa présence, révoqua cet arrêt fatal, rendit au Roi la santé, et daigna ajouter quinze années encore à un règne rempli de merveilles et de gloire.

Vous nous avez compris sans douie, nos très-chers frères, et quoique nous hésitions à vous l'annoncer, les précautions dont nous essayons

---

[*] Is. xxxviii, 1.

[**] Is. xxxviii, 1.

d'envelopper une si triste nouvelle vous avertis-
sént assez du malheur qui menace de plonger la
France dans l'affliction et le deuil. En vain nous
chercherions à vous le dissimuler, en vain, par
une suite de son amour pour ses peuples, notre
auguste et religieux Monarque, surmontant ses
douleurs avec une rare magnanimité, avec une
constance admirable, a voulu se roidir contre les
efforts et les progrès du mal, et se survivre en
quelque sorte à lui-même, afin de ne pas trou-
bler, par des alarmes prématurées, le repos et le
bonheur où sa sagesse a su maintenir le royaume;
le moment est venu où il faut que la nature re-
connaisse sa faiblesse sous la main puissante de
celui qui *frappe* ou *qui guérit,* qui *donne* ou *qui
ôte le salut aux Princes.*

» Résigné toute sa vie aux décrets adorables de
la Providence, plein de reconnaissance pour les
bienfaits sans nombre qu'elle a répandus sur lui
et sur sa royale famille, pénétré de respect pour
la foi de ses pères, notre Roi très-chrétien désire
et réclame les secours de la religion, les sacremens de l'Eglise et les suffrages des fidèles, ou
pour se préparer à paraître devant Dieu *qui juge
les justices,* si son heure suprême est arrivée; ou

pour supporter avec patience les rigueurs de la maladie et les langueurs de l'infirmité, s'il plaisait au Seigneur d'en prolonger les épreuves, ou enfin pour renouveler ses forces, et ranimer la vigueur de son âme, si la Divine Miséricorde, exauçant nos vœux, daignait le rendre à son peuple, afin de le lui montrer encore long-temps sur le trône comme l'objet de sa prédilection et l'instrument de ses miracles.

» Quels que soient, N. T. C. F., les impénétrables desseins de Dieu, la foi et l'amour nous appellent aux pieds des saints Autels. Notre espérance ne saurait être trompée. Français! si nous ne pouvons sauver la vie du Roi, nous nous associerons du moins à son dernier combat; nous voudrons l'aider à conquérir la couronne immortelle, et lui ouvrir, par les armes de la prière, cette cité céleste où règnent déjà tant de saints de sa noble race, et où, assis à leurs côtés, il deviendra, comme eux, le protecteur de la monarchie.

» A ces causes, après en avoir conféré avec nos vénérables Frères les Chanoines du Chapitre de notre Métropole, nous avons ordonné et ordonnons ce qui suit :

1° Aujourd'hui dimanche, 12 septembre, à l'issue des vêpres, il sera chanté un salut solennel dans notre église métropolitaine.

On y dira le *Domine non secundum*, l'Antienne *Sub tuum præsidium*, le Psaume *Exaudiat*, les versets et oraisons analogues, l'oraison *Pro Rege nostro infirmo*.

2° Aussitôt la réception du présent mandement, on fera, tant à la Métropole que dans les églises et chapelles de notre diocèse, l'oraison de Quarante Heures.

Le matin, on dira à la messe les oraisons *Pro Rege nostro infirmo*; après la messe on chantera le Psaume *Exaudiat* et l'oraison pour le Roi.

Le soir, au salut, on fera les prières comme il est dit ci-dessus, article 1er.

3° Pendant tout le temps de la maladie du Roi, après trois jours, les Quarante-Heures seront continuées dans l'église métropolitaine, avec exposition du très-saint Sacrement, le matin à la messe, et le soir au salut.

4° Dans toutes les autres églises, on donnera chaque jour le salut.

5° Tous les prêtres diront à la messe les oraisons *Pro Rege nostro infirmo*.

» 6°. Nous exhortons les fidèles à faire, en leur particulier, des prières, aumônes et autres bonnes œuvres à cette intention.

» Sera notre présent mandement lu, publié et affiché partout où besoin sera.

» Donné à Paris, en notre palais archiépiscopal, sous notre seing; le sceau de nos armes et le contre-seing de notre secrétaire, le 12 septembre 1824. »

HYACINTHE, Archevêque de Paris.

Par mandement de Monseigneur,

BUÉE, Chanoine, secrétaire.

Il n'y avait plus à douter, les bruits alarmans qui avaient circulé dans la journée du dimanche, étant confirmés par les bulletins officiels et les arrêtés ministériels, le peuple de Paris se porta en foule de bonne heure dans la cour des Tuileries et dans le jardin; chacun espérait apprendre qu'il serait survenu pendant la nuit quelque amélioration à l'état de l'auguste malade.

L'inquiétude était peinte sur tous les visages; les personnes qui sortaient du château étaient entourées par les divers groupes, qui les questionnaient avec empressement sur la santé du Monarque. Ce témoignage d'amour, ces inquiétudes, dont la source est si pure, offraient un spectacle véritablement attendrissant. Ah! sans doute, il a soulagé bien des souffrances, et cicatrisé bien des plaies, celui qui inspire de si nobles sentimens, et dont la maladie est regardée comme une calamité publique!

Le Roi s'était approché le 12, du tribunal de la pénitence. Malgré son état, il avait voulu assister au déjeûner de famille. LL. AA. RR. paraissaient consternées. La douleur de Madame était si vive que le Roi la pria de s'approcher, et lui prenant la main la pressa deux fois contre ses lèvres avec une vive émotion.

Sa Majesté voulut encore se confesser le lundi matin : de bonne heure elle envoya chez le Grand-Aumônier, son confesseur, en disant *que tout se préparât, qu'il se sentait de la force*. Au moment même où le Grand-Aumônier arriva, le Roi dit à Monsieur : «Mon frère, vous avez des affaires »qui vous réclament; moi j'ai des devoirs a rem- »plir. » Dignes paroles d'un fils de St-Louis, et qui nous rappellent celles de Henri IV à son confesseur, pendant la cérémonie du couronne-

ment de la Reine. « Je pense au jugement der-
» nier et au compte que nous y devons rendre
» à Dieu. »

A huit heures, M. le prince de Croï, grand-
aumônier de France, et M. le premier aumônier du Roi, accompagné de M. le curé de Saint-
Germain – l'Auxerrois et de plusieurs ecclésiastiques se rendirent à la chapelle du château
pour y prendre le Saint-Viatique, et le portè-
rent processionnellement dans les appartemens
de Sa Majesté, en passant par le péristile et le
grand appartement.

LL. AA. RR. MONSIEUR, Monseigneur le duc
d'Angoulême, MADAME, et Madame la duchesse
de Berry, arrivée le matin même de Rosny, où
elle avait reçu un courrier extraordinaire, suivaient le Saint-Sacrement et portaient des cier-
ges. Le prince de Castelcicala, le président
du conseil des Ministres, MM. les Grands-Officiers de la Maison, et généralement toutes les
personnes du service du Roi et de LL. AA. RR.
étaient présentes à cette auguste et touchante
cérémonie.

A huit heures cinq minutes, le Grand-Aumonier, accompagné de Monseigneur l'Evêque

d'Hermopolis, entra dans la chambre du Roi. La présence des deux prélats et de leur suite, fit naître une vive émotion parmi les assistans. Chacun se joignait d'intention à la pieuse cérémonie qui allait être célébrée.

. Le Roi reçut la communion et l'extrême onction avec le plus grand calme et dans un saint recueillement. Sa Majesté s'unit avec une attention soutenue, à tous les actes de cette cérémonie, et répondit aux prières de Monseigneur le Grand-Aumônier.

Au moment où le Roi reçut les sacremens, toutes les personnes qui se trouvaient en foule dans la cour des Tuileries se jetèrent à genoux par un mouvement spontané, priant avec fervenr pour la conservation des jours du bien-aimé Monarque! La cérémonie fut on ne peut plus touchante; des pleurs coulaient de tous les yeux; Monsieur versait d'abondantes larmes. Le Roi seul était calme, et indiquait avec une grande présence d'esprit tout ce qu'il fallait faire.

La Famille royale entendit ensuite la messe des malades, à la Chapelle du Château.

Au retour, S. A. R. Monsieur, et les Princes et Princesses, que Sa Majesté avait témoigné le désir de revoir, rentrèrent. Le Roi leur donna la main, les fit approcher de son lit de douleur, leur adressa des paroles de tendresse, et tirant la main de son lit, il leur dit : « Je vous fais mes » adieux ; je veux avant de vous quitter vous » donner ma bénédiction. »

Alors LL. AA. RR. se prosternèrent, inclinèrent la tête, joignirent les mains comme dans la prière, et le Prince étendit la sienne, et d'une voix assez forte leur dit : *Que Dieu soit avec vous.*

L'anxiété qui s'était prolongée pendant plusieurs heures, se manifesta plus particulièrement lorsqu'après la sainte cérémonie on aperçut au bas de l'escalier S. A. R. Madame qui venait de chez Sa Majesté, et dont les yeux étaient baignés de larmes.

A mesure que de nouveaux bulletins étaient distribués, ils étaient avidement recueillis et lus parmi la foule.

Le troisième bulletin était daté de huit heures du matin.

Troisième Bulletin de la santé du Roi.

Huit heures du matin, 13 septembre 1824.

Sa Majesté a éprouvé du calme pendant plusieurs heures de la nuit ; mais la faiblesse a été extrême. Il y a moins de froid ce matin dans les extrémités. Le pouls est plus lent et plus faible. Les facultés morales sont pour le moment dans leur état d'intégrité.

Signé, PORTAL, ALIBERT, DISTEL, THÉVENOT.

Le quatrième bulletin, qui fut distribué à deux heures et demie, ayant présenté quelques circonstances moins alarmantes, une sorte d'espoir se manifesta, et des cris de vive le Roi ! se firent entendre. Ce quatrième bulletin portait :

Quatrième Bulletin.

A deux heures de l'après-midi.

Le Roi est tranquille, a pris trois fois du bouillon, et se trouve en ce moment sans fièvre. La faiblesse est toujours très-grande.

Signé, ALIBERT, DISTEL.

Sa Majesté, qui avait béni sa famille le matin, demanda à voir les enfans de France. Ils arrivèrent de Saint-Cloud vers les trois heures, et furent conduits peu de temps après dans l'appartement du Roi, leur grand-oncle. Ils en sortirent à cinq heures, et à l'instant où ils quittaient les Tuileries pour retourner à Saint-Cloud, la foule se précipita sur leur passage et les salua des cris répétés de vive le Roi! vivent les Bourbons!

Une femme du peuple, profondément attendrie, s'écria, en voyant passer les enfans de France, qui repartaient pour Saint-Cloud : « Que le bon » Dieu nous les conserve, ceux-là! »

Sur les quatre heures du soir eurent lieu les prières de quarante heures ordonnées par Monseigneur l'Archevêque de Paris. La Cour de Cassation assista au salut en corps et en robes rouges, ainsi que la Cour Royale et le Tribunal de Première Instance. Un grand nombre de fidèles étaient venu joindre leurs prières à celles de ces Magistrats.

Les prières de la Religion, les vœux de cette multitude de sujets rassemblés autour de la royale demeure et dans nos basiliques sacrées, aux pieds des autels du Seigneur, ne peuvent suspendre les progrès du mal, ni en arrêter les trop visibles effets.

Les cinquième et sixième bulletins achevèrent de dissiper ce rayon d'espoir, qu'avait fait

naître dans toutes les âmes le consolant bulletin
de deux heures.

Cinquième Bulletin.

Sept heures du soir.

La fièvre qui avait cédé pendant quelques
heures de la matinée, s'est manifestée avec plus
de violence vers les trois heures de l'après-midi.
On remarque plus d'affaissement et de diminu-
tion dans les forces.

Signé, PORTAL, ALIBERT, DISTEL, THÉVENOT.

Sixième Bulletin.

Neuf heures du soir.

La fièvre est plus forte ce soir; il y a beaucoup d'agitation, de chaleur et de soif. Le Roi
conserve sa connaissance, et éprouve quelques
douleurs dans les jambes.

Signé, PORTAL, ALIBERT, MONTAIGU, DISTEL,
DUPUYTREN, THÉVENOT.

Ainsi se passa la journée du lundi, jusque
fort avant dans la nuit. La place du Carrousel, les

avenues du Louvre furent remplies de spectateurs qui accouraient au-devant de tous ceux qui sortaient du château, les interrogeaient, les accablaient de questions, et suivaient avec une inquiète curiosité le mouvement des lumières de l'intérieur des appartemens des Tuileries. Les gardes du château et des environs assurent que beaucoup de personnes ont passé la nuit sur la place du Carrousel. Si, comme tout le fait croire, le Roi, de son lit de douleur, où toutes ses facultés d'esprit sont vivantes, a pu connaître les témoignages d'amour qui éclatent de toute parts, il en aura éprouvé la plus vive consolation qu'il puisse recevoir, et ses souffrances en auront été adoucies.

Les Français se sont retrouvés tout entiers dans cette grande circonstance. Tous les discours tenus parmi les personnes que réunit ce triste événement étaient dictés par un même sentiment; chacun se rappelait avec complaisance les titres de ce Prince au respect et à la reconnaissance des peuples.

Mais au milieu de ce triste tableau de deuil général, quel épisode que celui de la scène déchirante que présente la demeure du Monarque!

Voyez autour de ce lit de souffrance cette royale famille qui semble destinée aux douleurs, et qui n'avait pas encore épuisé ses larmes. Voyez ce noble et généreux Prince repoussant d'une main désolée la couronne qui luit à ses yeux noyés de larmes, et conjurant le Ciel de ne lui imposer jamais d'autres devoirs que ceux de tendre frère et de sujet fidèle. Voyez ces angéliques princesses, l'Antigone du Roi malheureux, et la veuve de son Charles bien-aimé retrouvant des pleurs pour des souffrances nouvelles!....

Voyez celui qu'il se plaisait à nommer son fils, oubliant sa gloire pour ne songer qu'à la perte de son père, inonder de larmes ses lauriers qu'il croit voir changer en cyprès. Dieu de clémence, jette un œil de miséricorde sur la France éplorée! Prolonge une vie qui fut tout entière, qui serait encore consacrée au bonheur de la France! Permets à celui qui a tant fait, d'achever son ouvrage; mais si, dans tes immuables arrêts, tu avais marqué la fin d'une si auguste carrière, fais briller à nos yeux, dans tout leur éclat, pour nous préserver du désespoir, les consolations que le Dieu qui protége la France nous a préparées pour l'avenir!....

Mardi 14.

La prolongation de la maladie du Roi n'a rien ôté aux témoignages et à l'expression de la douleur publique. On s'aborde, on s'interroge avec anxiété ; la foule consternée assiége les portes du palais, et ne les quitte que pour aller prier dans les temples. Jamais affliction plus vraie, plus profonde, plus pénétrante, ne se manifesta dans cette vaste capitale.

Au milieu des souffrances d'une longue agonie, le Roi conserve le calme du juste et l'âme d'un héros. Vers une heure après midi, une sorte de léthargie fait croire qu'il touche à son dernier moment ; il se réveille, les hommes de l'art veulent lui donner encore de l'espoir : on suspend les prières ; mais il donne lui-même l'ordre de les continuer, et s'unit aux assistans.

Voyant que tous les médecins se disposaient à passer la nuit auprès de lui, il dit à M. Portal : « *J'espère que vous irez dormir, vous ; votre vie* » *est trop précieuse à l'humanité.* »

Tout paraît suspendu dans cette ville si bruyante et si active : les rues sont silencieuses ; si l'on court, si l'on s'empresse, c'est pour répondre au signal qui appelle les fidèles dans les églises ; c'est pour questionner et apprendre des détails dont le moins important est un sujet d'étonnement, d'admiration ou de tristesse : *Dies per silentium vastus :* Tacite a peint le moment présent.

Rien ne peut exprimer la douleur de S. A. R. Monsieur et de toute la famille royale, on ne sera pas surpris en apprenant que la fille de nos Rois prodigue les soins les plus touchans à celui qui lui a servi de père, et qu'elle n'a pas quitté depuis vingt-sept ans. Ce modèle de toutes les vertus et de la plus sublime piété est, au chevet du Roi, ce qu'elle fut au temps de la persécution et de l'exil.

Tout ce qui tient au service de Sa Majesté et de nos Princes remplit ses devoirs avec un dévouement et un zèle qui ne sont affaiblis ni par les veilles ni par les fatigues. Leur contenance témoigne les craintes et les consternations dont leur âme est remplie. Leurs regards élevés vers le Ciel semblent lui demander la conservation d'un maître chéri, et offrir leur vie pour prolonger la sienne.

Les militaires ne prennent pas une moindre

part à la douleur publique. Officiers et soldats témoignent, dans ces tristes circonstances, une véritable affliction, et leur attachement à un Prince qui se montra toujours si fier de leurs exploits, et qui exprima si souvent le regret de ne pouvoir marcher à leur tête.

C'est ce Prince qui, en recevant les bulletins de notre armée d'Austerlitz, d'Jéna, de la Moskowa, les lit avec empressement, et dit : *Ce sont toujours mes enfans, les dignes soldats d'Henri IV.*

A onze heures du soir, le lundi, Monseigneur le Duc d'Orléans arriva de son château d'Eu, il se rendit immédiatement aux Tuileries, et obtint une audience de S. A. R. MONSIEUR.

A cinq heures du matin, des groupes nombreux s'étaient réunis sous les fenêtres du château : on distribua le bulletin suivant :

Septième Bulletin.

A cinq heures du matin.

Le Roi est dans le même état qu'hier. Le redoublement a été très-orageux ; la respiration laborieuse pendant toute la nuit.

Le Roi vient de prendre quatre cuillerées de bouillon.

Signé, ALIBERT, THÉVENOT.

Le premier Gentilhomme de la chambre du Roi,

Signé le Comte DE DAMAS.

A sept heures, la foule plus grande encore demandait des nouvelles de son Roi. *Toujours de même* répondaient ceux qui descendaient du château : ces mots circulaient à travers les groupes.

A huit heures on apporte un bulletin ; la foule se précipite sur ces feuilles volantes qu'on se passe de main en main, avec une inquiétude difficile à exprimer.

Huitième Bulletin.

Du 14 septembre, à huit heures du matin.

Le Roi a été toute la nuit dans un grand affaissement ; la fièvre a toujours été très-vive, la faiblesse va toujours en augmentant.

Signé, PORTAL, ALIBERT, MONTAIGU, DISTEL, DUPUYTREN, THÉVENOT.

Le premier Gentilhomme de la chambre du Roi,

Signé le Comte DE DAMAS.

A neuf heures, les Grands-Officiers de la Maison du Roi, les Ministres, les Maréchaux, vinrent aux Tuileries prendre connaissance du Bulletin de la santé de Sa Majesté. L'Infant don Miguel s'y rendit à la même heure; il y était venu trois fois dans la journée du lundi.

A une heure le Roi éprouva une grande défaillance; la respiration était entrecoupée, le pouls faible; les médecins crurent que la dernière heure du Prince approchait. Leurs Altesses Royales, informées de cette crise, s'empressèrent de se rendre auprès du Roi. Ses yeux étaient immobiles, son sommeil ressemblait au sommeil de la mort.

A l'instant même le bruit se répand que le Roi vient d'expirer. Le vénérable curé de Saint-Germain-l'Auxerrois, qui sort à cet instant du château, est entouré; il n'a pas la force de parler; des larmes coulent de ses yeux !.......

Tous les cœurs l'ont compris, et un grand nombre de personnes quittent le Carrousel, les Tuileries, et vont répandre dans Paris que le Roi vient de mourir. Cette douloureuse nouvelle est apportée jusque dans les bureaux de M. le Préfet de police. Point de variations dans ces funèbres rapports : c'est à une heure et quart que le Prince est mort.

Cette nouvelle est bientôt démentie ; le sommeil n'était que léthargique, le Prince s'est éveillé, a regardé autour de lui, a reconnu la duchesse d'Angoulême, MONSIEUR, S. A. R. Monseigneur le duc d'Angoulême, Madame la duchesse de Berry, etc., qui entourent le lit de l'auguste malade. Un prêtre vient bientôt, et alors commencent les prières des agonisans que le Roi a demandées lui-même, et auxquelles il répond en latin avec toute sa connaissance. Ces prières sont bientôt suivies de la recommandation de l'âme, qu'il écoute avec un saint recueillement. Les assistans sont muets d'attendrissement et d'admiration.

La nouvelle de la mort du Monarque amène bientôt dans la cour des Tuileries une foule immense de peuple. Il faut avoir été témoin comme nous l'avons été de ce silence effrayant qui se manifesta tout-à-coup au milieu de cette foule d'hommes et de femmes de tout âge, de toute condition, quand on annonça qu'on allait avoir des nouvelles du Roi. Ce neuvième bulletin, hélas! est loin de donner des espérances.

Neuvième Bulletin de la santé du Roi.

A deux heures.

S. M. a éprouvé une défaillance un peu plus forte à une heure. La respiration est devenue plus pénible et entrecoupée. Le pouls est extrêmement faible et avec des intermittences.

Il a été récité dans la chambre de S. M. et en présence de sa famille, les prières des agonisans et de la recommandation de l'âme, que le Roi a entendues avec toute sa connaissance.

Signés PORTAL, ALIBERT, DUPUYTREN, THÉVENOT.

Après les touchantes cérémonies dont nous venons de parler, Monseigneur le duc de Bourbon et le duc d'Orléans, Madame la duchesse d'Orléans, les Princes et Princesses de la famille d'Orléans vinrent présenter leurs hommages à S. M., dinèrent ensuite avec LL. AA. RR., et ne se retirèrent qu'à huit heures du soir.

Les grands Dignitaires, les Ministres, les Maréchaux, les Grands-Officiers de la maison du Roi, se réunirent à huit heures dans la salle du

Conseil, pour prendre connaissance du bulletin de la santé du Roi. Ce bulletin ne fut connu qu'à neuf heures.

Dixième Bulletin de la maladie du Roi.

Neuf heures du soir.

La syncope alarmante éprouvée par Sa Majesté vers le milieu du jour a été suivie d'un calme qui s'est prolongé jusqu'à six heures. Ce soir, la fièvre a redoublé, et renouvelé toutes les inquiétudes.

Signé, PORTAL, ALIBERT, MONTAIGU, DISTEL, DUPUYTREN et THÉVENOT.

Le premier Gentilhomme de la chambre,

Le Comte de DAMAS.

Ce jour, comme celui de la veille, vit la foule se porter dans nos temples saints, unir leurs prières aux ministres des autels, et demander que le Ciel sauvât un Monarque qui avait lui-même sauvé la France. Ce n'était pas seulement nos temples catholiques qui retentissaient des chants sacrés de nos prêtres; comme tous les bons Français, les Israélites font faire des prières dans leur synagogue pour le rétablissement de la santé de notre auguste Monarque, de l'immortel fondateur de la Charte ; les ministres Protestans font également des prières, tous les cultes comme tous les cœurs s'unissent pour implorer le Ciel.

On cite une foule de mots qui peignent l'amour du peuple de la capitale po ur les descendans d'Henri IV :

C'est une femme de la halle qui vend sa marchandise à tous prix, parce que, dit-elle, elle aime mieux perdre, que de manquer le salut pour prier pour le Roi ; c'est une autre femme du peuple qui s'écrie : « Dix ans de moins pour » moi, et dix ans de plus pour notre père. » Cet amour du Français pour leur Prince, aussi vieux que notre monarchie, s'est retrouvé tout entier dans cette triste circonstance : les fêtes de famille ont cessé ; tous les amusemens ont été suspendus ; Paris était véritablement une immense famille tremblante pour un père adoré.

Il est onze heures du soir ; l'état du malade ne s'est point amélioré, il continue de souffrir avec le même héroïsme ; le courage du Roi grandit dans la souffrance, à mesure que l'espoir de la France s'affaiblit. Chaque moment ajoute à sa vertu et à notre douleur. Nous cherchons en vain quelques illusions dans nos désirs ; il est impossible de s'abuser, et l'héroïsme de l'auguste malade ne sert qu'à nous faire sentir davantage , s'il est possible , la perte que nous sommes prêts de subir.

Mais devons-nous nous étonner ? Ce courage qu'il oppose aux douleurs physiques, il l'a déployé tant de fois contre des maux plus réels , plus graves du moins pour son cœur, comme frère , comme Roi , comme père , comme Fran-çais ! Louis XVIII a vaincu tant de malheurs par sa sagesse, et non pas seulement les siens, mais les nôtres ; non pas seulement ceux qu'il a souf-ferts dans sa famille , mais ceux qui l'ont blessé dans sa patrie ! C'est lui qui nous disait : *Un Roi de France ne désespère jamais avec des Français.* Hélas ! pourquoi les Français ne peuvent-ils pas justifier aujourd'hui cette parole toute entière ? C'est qu'il n'y a qu'une chose que la France ne peut pas vaincre !

Cependant, si tant de larmes répandues, si les prières qui s'élèvent de toutes parts, si le désespoir d'une famille auguste qui méritait enfin que la mort se reposât quelques années loin d'elle, si la gloire suppliante, la religion en deuil, la liberté comme expirante dans son père, les lettres abattues, les pauvres désolés, toute la patrie gémissante ; si la France en alarmes, si l'Europe en suspens, si tout ce qu'il y a de généreux, de noble et de touchant sur cette terre pouvait obtenir grâce, le Dieu qui protège la France la sauverait dans son Roi ! Vains souhaits ! Vœux superflus ! Dieu rappelle à lui son ministre pour rendre compte de ses vertus et de notre bonheur ! Louis XVIII s'élève, du milieu des larmes de ce monde, dans la gloire céleste ; notre Roi, jugeons-en par notre douleur, notre Roi devient plus qu'un homme ! sa mort seule nous apprendra qu'il était mortel !

Pourquoi tous ses enfans ne peuvent-ils entourer, comme six d'entre eux, son lit de douleur, pour y faire éclater leur amour, pour y voir triompher sa vertu ! Quelle consécration touchante de l'alliance solennelle qui a pour jamais réuni les Français à la race de leurs Rois ! Nous l'avons jurée cette alliance, au nom de sa sagesse, au nom de la gloire de son fils ; répétons-en le serment, au nom du deuil de sa famille, des vertus de son frère, et de l'héroïsme qui couronne si dignement un règne mémorable. Que Louis XVIII entende pour dernier adieu, le cri français de *vive le Roi !* ce cri qui passe du pied d'un lit de mort au pied d'un trône immortel ! Qu'il l'entende, encore une fois, pour apprendre que les Français sont dignes d'avoir retrouvé leurs Rois, puisqu'ils ont retrouvé en même temps leur vieil amour, leur antique devise, leur foi monarchique : et pour eux, pleurer un grand homme qui leur est ravi, c'est déjà saluer un Roi qui leur est conservé. *Vive Louis XVIII !* Et si Dieu ne l'appelle plus qu'à vivre dans son éternité, *vive le Roi !* qui ne mourra plus en France !

Mercredi 15.

A deux heures du matin, l'état du Roi devient de plus en plus alarmant, le pouls est de plus en plus faible, la gangrène fait des progrès ; mais le Roi conserve, avec sa connaissance, son calme surhumain. Informé qu'un grand concours de peuple avait lieu pendant tout le jour sous ses fenêtres : « *J'ai donc fait quelque bien ?* » a-t-il dit, et cette idée consolante semble adoucir

(37)

l'approche de la mort. Il ne se dissimule pas
que son état est désespéré. Le curé de Saint-
Germain-l'Auxerrois avait fait, à voix basse, des
prières près du lit de Sa Majesté. Quand il fut
loin, le Roi dit à un de ses médecins : « M. le
» curé a prié à voix basse, de peur de m'effrayer :
» *je n'ai pas peur de la mort : il n'y a qu'un mau-*
» *vais Roi qui ne sache pas mourir !* »

Six heures du matin.

La constitution si forte du Roi a triomphé
encore ce matin d'une crise semblable à celle
qui s'était manifestée hier : les mêmes symptômes
ont produit les mêmes alarmes. Le Roi a demandé qu'on recommençât les prières des ago-
nissans. Alors le prêtre a ouvert le livre ; mais
la voix du Monarque s'était éteinte ; il n'a pu,
comme hier, prononcer chaque réponse ; il a
fait signe qu'on continuât, en répétant : *Je vous
suis, je vous suis.*

Quand elles ont été achevées, il a dit : «*Donnez-*
» *moi le Crucifix.* On le lui a apporté ; il a soulevé
sa main défaillante, a pris l'image du Sauveur,
l'a approché de ses lèvres, en disant : *Mon Dieu !
mon Dieu ! mon Sauveur, ayez pitié de moi.* Il a

5

laissé retomber le Crucifix, l'a repris pour le reporter à ses lèvres, et l'a baisé à plusieurs reprises.

Les personnes qui assistaient à cette scène auguste, ont pu se rappeler la mort du chef de cette noble race des Bourbons, et ce qu'en raconte d'une manière si touchante et si naïve, son fidèle serviteur Joinville.

A cette seconde crise, la poitrine du Roi s'est engagée, et les sentimens que sa voix ne pouvait exprimer, se lisaient encore sur son visage. Rien ne pourrait donner une idée de la douleur de la Famille royale, si l'affliction qu'éprouve le peuple de Paris, ne fesait comprendre aisément à chacun celle de nos Princes.

Nos Princes viennent d'adresser aux Curés de la Capitale d'abondantes aumônes, afin que les pauvres prient pour la conservation des jours de Sa Majesté.

Ainsi, à la maladie de Louis XV, le Dauphin distribua d'abondantes sommes dans Paris. « Je » vous prie, écrivait-il alors à l'abbé Terray, » Contrôleur des Finances, de distribuer dans » la minute 200,000 fr. aux pauvres, afin qu'ils » prient pour la conservation du Roi. Si vous

» trouvez que cette somme puisse nuire à vos
« arrangemens pris , vous la retiendrez sur nos
» pensions. »

Tout le monde a été sur pied au château pendant cette nuit : Monsieur l'a passée chez Monseigneur le duc d'Angoulême. S. A. R. n'a jamais voulu rentrer chez elle, malgré les instances de son auguste fils et de Madame ; le Prince a passé, tout habillé, la nuit sur un canapé.

A quatre heures du matin, après la crise , Monsieur a été le premier chez son auguste frère. Dans un instant, des ordonnances ont été envoyées chez Monseigneur le duc d'Orléans, Monseigneur le duc de Bourbon , chez les Ministres, M. le prince de Talleyrand, M. le Chancelier, le Grand-Référendaire de la Chambre des Pairs, Monseigneur l'Archevêque de Paris et autres grands personnages.

A cinq heures précises, Monseigneur le duc d'Orléans était au château ; Monseigneur le duc de Bourbon est arrivé cinq minutes après. Les Princes de la Famille royale , M. le Chancelier, M. le Grand-Chambellan , Monseigneur l'Archevêque de Paris, Monseigneur l'Évêque d'Her-

mepolis, et les Grands-Officiers de service, ont
été admis dans la chambre de Sa Majesté. Cette
crise, qui donnait les plus vives inquiétudes,
s'est calmée, et le Roi a repris toute sa connaissance. Tout pleurait autour de lui, et le calme
le plus parfait était sur la figure de Sa Majesté.
Le Roi a pris plusieurs fois la main de son auguste frère et des Princes et Princesses de la
famille royale. La résignation du Monarque était
peinte sur son front; il paraissait vouloir consoler
les fidèles serviteurs qui étaient autour de lui.
Cette scène déchirante a duré près de trois
quarts d'heure.

A 7 heures on a distribué le bulletin suivant.

Onzième Bulletin de la santé du Roi.

Sept heures du matin.

La nuit a été des plus orageuses. La fièvre a
redoublé ce matin avec des anxiétés et des fai-
blesses réitérées. La respiration est de plus en
plus laborieuse.

Signé PORTAL, ALIBERT.

Un instant après a paru le douzième bulletin,

qui annonce que l'affaiblissement de toutes les fonctions va toujours croissant.

LL. AA. SS. le duc d'Orléans, et Monseigneur le duc de Bourbon, sont venus plusieurs fois dans la journée prendre connaissance des bulletins de S. M.

Les Grands-Officiers de la couronne, le prince de Croï, Grand-Aumonier, le prince Talleyrand, Grand-Chambellan, le chevalier Dambray, Chancelier de France ; les Grands-Officiers de la Maison du Roi, les premiers Officiers des Princes, l'Archevêque de Paris, les Maréchaux et beaucoup de Pairs de France, sont venus s'acquitter des mêmes devoirs. La plupart sont restés jusqu'à deux heures, et ont pris connaissance du douzième Bulletin avant de se retirer.

LL. AA. RR. ont entendu la messe à onze heures à la chapelle.

La Providence nous a tant accoutumés à des miracles en faveur de la France et de la dynastie, aussi impérissables l'une que l'autre, et l'auguste famille qui devait avoir épuisé la coupe du malheur, mérite tant quelque bienfait du Ciel, qu'on espère encore, malgré toutes les apparences.

On redoutait une crise à midi ; elle n'a pas eu

lieu ; on la craint pour ce soir. Si elle pouvait encore tromper nos craintes !

Vous tous qui avez rêvé un moment la destruction des trônes de la terre, accourez pour contempler cette immense douleur d'un peuple à l'aspect des dangers de son Roi. Tout ce que vous avez fait est tombé, sans que ces chutes précipitées aient inspiré un regret, une larme ; toutes vos conceptions révolutionnaires, vos divinités même, tout a passé comme l'ombre ; la même indifférence qui les avait accueillies à leur naissance les a suivies à leur mort ; et la révolution ne nous a légué que le souvenir de ses terreurs.

Nos Rois inspirent bien d'autres sentimens : leur naissance, leur mort sont des événemens publics précieusement conservés dans la mémoire des peuples. Consultez vos pères sur la mort du *Grand Roi*, sur celle du *Bien-Aimé*, ils vous en rapporteront toutes les circonstances, ils vous diront quelle fut la douleur du peuple, les transports de la piété publique. Il y a donc quelque chose de sacré dans la royauté : la main de Dieu est sur les Rois de la terre.

Écoutez ces chants de l'Église : elle prie pour

le Roi très-chrétien, pour le petit-fils de Saint Louis.... Voyez cette magistrature, elle prie pour le grand justicier du royaume, pour le descendant de ces Rois qui ont fondé la justice en France; voyez cette foule qui fait retentir les voûtes de nos temples, elle prie pour l'héritier des vertus de Louis XII, pour le descendant de Henri IV.

Telle est l'essence de la légitimité, qu'elle trouve des forces dans les souvenirs et dans l'espérance.

Deux heures après midi.

L'inquiétude redouble, des bruits sinistres se répandent, la situation du Monarque, d'après le bulletin officiel, est toujours la même; si il y a quelque amélioration, on a promis de le faire connaître au peuple de la Capitale.

Trois heures.

Il y a eu une nouvelle consultation de médecins, on s'attend de momens en momens à une nouvelle crise. Les médecins ne dissimulent pas que ce pourra être la dernière. Un d'eux qu'on a vu sortir du château, on a cru reconnaître

M. Dupuytren. Il essuyait les pleurs qui tombaient de ses yeux.

Six heures.

Mêmes nouvelles : la situation du Prince est toujours la même, la crise qu'on redoutait n'a pas eu lieu.

Une foule nombreuse se renouvelle incessamment sous les fenêtres de Sa Majesté, s'informant avec une inquiète circonspection d'une santé si précieuse à la France. Les églises se remplissent de fidèles qui viennent implorer celui qui dispose des couronnes. La douleur publique est le panégyrique le plus éloquent d'un Souverain.

Neuf heures du soir.

Le redoublement de la fièvre, annonce le treizième bulletin, a été plus fort qu'aucun des précédens. La respiration est devenue râleuse, et le pouls d'une débilité extrême, et de plus en plus intermittent.

Onze heures du soir.

Les médecins viennent de déclarer que S. M. n'avait plus que quelques heures à vivre. Les Princes et Princesses du sang entourent le lit de l'infortuné Monarque. Louis conserve toute sa connnaissance ; il jette les yeux autour de lui ; sa bouche veut s'ouvrir, mais ne rend que des sons inarticulés ; il fait signe qu'on lui donne le Crucifix ; ses mains sont trop faibles pour soutenir l'image de Notre Seigneur ; on l'approche de ses lèvres ; il le baise, et le baise encore ; ses yeux se tournent vers le Ciel.

Trois heures.

Le Roi a perdu connaissance, son œil est devenu terne, des râles affreux annoncent que le moment fatal est près.

Quatre heures.

La catastrophe terrible que les vœux ardens de tout un peuple espéraient en vain de conjurer, vient à l'instant même de s'accomplir.

Le Roi a cessé de vivre!...

Un nouveau fils de Saint Louis est monté au Ciel. Prions pour lui, pleurons sur nous ; car sa vie tout entière nous fut prodiguée. Ses dernières paroles ont encore été pour sa famille, pour son peuple, pour tous ses enfans.... La douleur nous interdit jusqu'aux louanges que la reconnaissance voudrait nous dicter sur cette tombe qui s'en-

6

tr'ouvre , sur les bienfaits qu'accumula pour la France le Monarque qui vient d'être ravi à son amour. Nous voudrions louer le Roi, le législateur; mais les paroles nous manquent....... Nous ne pouvons que pleurer le père.

L'agonie a duré long-temps. Louis l'a supportée comme il avait supporté le malheur. Jamais Monarque, jamais homme ne sut mieux soutenir le pesant fardeau de la vieillesse, de l'adversité, des infirmités et du trône. Il a pour toujours quitté la terre ; mais pas un cœur français n'oubliera qu'il rendit la paix à nos champs, les enfans à nos mères, la liberté à nos lois, et plus récemment encore la gloire à nos drapeaux.

O Louis ! tes derniers momens ont pu s'adoucir par la pensée qu'il ne te restait presque plus rien à faire pour notre France à jamais raffermie sous le sceptre immortel des Bourbons.

Pour les cœurs qui ont recueilli les circonstances des derniers jours du Monarque, il est impossible de faire autre chose aujourd'hui que regretter et pleurer ! Pour les esprits qui savent envisager les bienfaits d'un gouvernement de dix années qui fut un siècle de vertus et de belles actions, il sera temps, dans quelques jours, d'admirer avec le calme de la potsérité. Ce matin, c'est la douleur publique qui parle, qui parle par notre silence même ! Laissons lui vingt-quatre heures avant de faire entendre le langage de l'histoire.

Pleurons avec la patrie, avec la Religion, avec une auguste famille qui ne nous a jamais coûté de larmes que celles-là, et qui en a séché tant d'autres ! L'antique amour des Français pour la race de leurs Rois s'est retrouvé ; le voilà sur cette tombe ; le voilà au pied du trône qui est toujours debout ; la France pleure un grand Prince, qui nous faisait oublier, à force de vertu, qu'il était mortel ; elle ne perd pas son Roi. C'est le frère, c'est le digne héritier de Louis XVIII ! Fils de St. Louis, montez au Ciel, dira aujourd'hui la Religion. Fils de St. Louis, montez au trône, dit en même temps la Patrie ! Louis XVIII, Charles X, veillez encore tous deux sur votre France.

CHAMBRE DU ROI.

Les portes de l'appartement du Roi aux Tuileries, seront ouvertes aux public, aujourd'hui jeudi, depuis dix heures du matin, jusqu'à six heures du soir.

Aux Tuileries, ce 16 septembre 1824.

Le premier Gentilhomme de la chambre du Roi,

Le Comte de Damas.

A six heures un quart.

Le Roi, accompagné de LL. AA. RR. Monseigneur le Dauphin, Madame la Dauphine et Madame la duchesse de Berri, est parti pour sa résidence royale de Saint-Cloud, où Sa Majesté restera pendant tout le temps d'usage. Une foule considérable de fidèles Français a fait entendre sur le passage du Roi et de son auguste famille les cris répétés, avec le plus vif enthousiasme, de *vive le Roi ! vivent nos Princes !...* Sa Majesté était tout en larmes.

ANECDOTES

SUR LOUIS XVIII.

Un jour de grande chasse, qui devait avoir lieu dans la forêt de Compiègne, on avait placé les Enfans de France dans une voiture découverte, pour suivre les chasseurs. Le comte de Provence était assis à côté du duc de Berri (Louis XVI). Arrivé auprès d'un champ nouvellement défriché, le cocher voulait le traverser pour abréger la route; le comte de Provence s'y opposa avec énergie : *Il ne faut pas, dit-il, pour hâter nos jouissances, fouler aux pieds les sueurs du malheureux.*

— En 1777, Louis XVIII, alors Monsieur, prit, ainsi que son frère le comte d'Artois, la résolution de voyager dans l'intérieur du royaume. Il partit de Versailles le 10 juin, accompagné de plusieurs seigneurs attachés à son service, et visita les provinces méridionales, en commençant par la Guienne : il reçut à Bordeaux l'accueil le plus flatteur. Partout, sur son passage, les habitans des campagnes quittaient leurs travaux pour jouir de la vue du frère de leur Roi. A son arrivée à Toulouse, il accorda une distinction particulière aux lettres, en recevant l'hommage de l'Académie des Jeux Floraux avant toute autre députation, même des Cours souveraines. L'orateur de l'Académie (l'Abbé d'Aufredi), portant la parole au nom de cette société savante : « C'est à l'éloquence » et à la poésie à vous peindre, dit-il au Prince, » faisant, dans l'âge des plaisirs, vos chères » délices de la retraite et de l'étude, parta- » geant ce goût enchanteur avec l'auguste Prin- » cesse dont les vertus réunies font le bonheur » de vos jours, écartant des avenues du trône » la flatterie et le mensonge, y ramenant la vé- » rité si souvent bannie des Cours, inspirant » enfin, par la force de l'exemple, ce saint res- » pect pour les mœurs, d'où dépendent la gloire » des nations et la stabilité des empires........ » L'orateur terminait son discours par un éloge pathétique du Dauphin, père du Roi, et de ses frères. MONSIEUR, attendri, lui dit avec bonté : « Je remercie l'Académie des sentimens qu'elle

» me témoigne; je connaissais depuis long-temps
» sa célébrité; vous confirmez l'idée que j'en
» avais déjà. » Le prince entretint ensuite, avec
affabilité, plusieurs savans auxquels il promit sa
protection. Le lendemain, il daigna prendre
place à l'une des séances particulières de l'Académie, et là il déploya cette érudition, cette
grâce de langage et ce goût pur qui depuis ont
été si remarqués.

— A Sorèze, les élèves de l'Ecole royale le reçurent au bruit d'une musique militaire; il par-
courut toutes les classes, et assistant aux diffé-
rens exercices des élèves, en interrogea plusieurs.
Il voulut aussi être présent à leur repas. « Allons,
» mes amis, leur dit-il, acquittez-vous bien de
» cet exercice : vous avez si bien fait tous les
» autres! — Monseigneur, lui dit un élève âgé
» de douze ans, nommé Bonneval, on voit man-
» ger les Princes à Versailles; et à Sorèze, les
» Princes nous font l'honneur de nous voir
» manger. » Cette saillie, qui exprimait le bonheur dont la présence de MONSIEUR remplissait
tous les élèves, le fit sourire; il embrassa ten-

drement le jeune Bonneval. « Dans tout mon
» voyage, rien ne m'a plus flatté que cette
» école, dit-il au directeur. »

~~~~~~~

— L'illustre voyageur prit la route d'Avignon,
qui appartenait alors au Pape. Là on venait de
construire, sur les bords de la Durance, au
passage du bac, une salle richement décorée,
où le comte de Provence fut reçu et compli-
menté par un envoyé du Saint-Père. Il trouva
toute la ville illuminée, et vit partir des diffé-
rens clochers, au signal d'une salve d'artillerie,
un nombre infini de fusées et de gerbes. Le
prince étant descendu à l'hôtel du duc de Crillon, la garde bourgeoise se présenta aussitôt
pour faire le service auprès de sa personne.
«Un fils de France logé chez un Crillon, dit-il,
» n'a pas besoin de gardes. » Après avoir visité
la célèbre fontaine de Vaucluse, immortalisée
par les amours et les vers de Pétrarque, il reprit la route de la capitale,

~~~~~~~

— Le Roi avait destiné à Monsieur une habitation digne de sa naissance, le palais du Luxembourg. Mais, soit à Brunoy, soit au Luxembourg, soit à Versailles, il menait habituellement une vie sédentaire au sein des sciences et des lettres. Il passait régulièrement quelques heures de la matinée dans son cabinet, occupé à lire les meilleurs auteurs, méditant les écrivains les plus célèbres qui ont traité de l'art si difficile de rendre les peuples heureux par un bon système de gouvernement, composant même des notes sur les événemens contemporains ; mais ne cessant de montrer à la Cour une grande réserve. Ce Prince ne dissimulait pas toutefois la protection qu'il accordait aux lettres : il assemblait journellement chez lui des littérateurs, des savans, et s'entretenait avec eux de tout ce qui avait rapport à leurs travaux, comblant de ses bienfaits un grand nombre d'artistes et d'auteurs distingués. Il se déclara protecteur à perpétuité d'une espèce d'académie appelée le Musée, dont le physicien Pilatre du Rozier était le fondateur, et qui n'aurait pu se soutenir après la fin tragique de cet aéronaute imprudent, nouvel Icare. Monsieur, après en avoir acheté la propriété aux héritiers, satisfit les créanciers, et paya le cabinet de physique, estimé 5o mille francs. Bientôt, grâce à sa munificence, on vit le Musée revivre avec éclat, et devenir, sous le nom de Lycée, un établissement littéraire célèbre.

Ce prince donna une preuve nouvelle de la protection qu'il accordait aux lettres, en attachant à sa personne, comme secrétaire, le poëte Ducis, qui a su transporter dans notre langue une partie des beautés du tragique anglais Shakespeare. MONSIEUR se complaisait à être le confident de ses ouvrages, lui donnant des conseils, jouissant du succès de ses pièces, concourant à son élévation au fauteuil académique. On assurait aussi dans le monde, que MONSIEUR contribuait, pour la meilleure part, aux opéras lyriques de son intendant Morel, joués avec un succès qui se soutient encore : le fait n'est pas vrai.

—Un prince, appréciateur du mérite des gens de lettres, et lettré lui-même, qui parfois se délassait de ses études graves par des productions gracieuses, aurait pu aisément en tirer vanité;

mais, par respect pour les convenances, il se faisait une loi de garder le plus strict anonyme. On répétait néanmoins à la Cour et ses mots spirituels et les vers que lui inspirait quelquefois l'aventure du jour : l'éventail de la Reine s'étant brisé dans ses mains, il en envoya un autre le lendemain, à l'auguste Princesse, avec le quatrain suivant :

> Au milieu des chaleurs extrêmes,
> Heureux d'amuser vos loisirs,
> J'aurai soin près de vous d'amener les zéphirs :
> Les amours y viendront d'eux-mêmes.

— Aux noces de Monsieur et Madame de Provence, le poëte Morel présenta au prince une épithalame commençant par ces mots : *protecteur du génie.* Le prince l'arrêta incontinent. « Ne » mentez pas ; je veux bien vous protéger ; mais » il n'est pas dit pour cela que vous ayez du » génie. »

— Le Luxembourg, résidence du Comte de Provence avant et pendant la révolution, était

le refuge de la classe affamée du Parnasse.
S. A. R. Monsieur aimait beaucoup à soulager
les hommes de lettres. Parmi la foule qui obs-
truait le portique de ce palais de la bienfaisance,
Morel, auteur de la Caravane, de Panurge, et
d'autres chefs-d'œuvre de la même force, homme
très-vain et qui avait la manie d'entretenir le
public de son auguste protecteur, parlait partout des bontés qu'avait pour lui et ses confrères
Monsieur, frère du Roi, se vantant que le Prince
l'admettait dans sa plus secrète intimité. Le
Comte de Provence, informé de la jactance de
ce poëte famélique, lui fit des reproches amers
sur son inconséquence, en ajoutant : *Vous
avez diablement de péchés poétiques sur la cons-
cience ; le public est capable de me croire un de
vos complices ; il n'y a pas d'acte assez méritoire
pour effacer un péché aussi énorme que celui d'être
le père putatif d'une Caravane ou d'un Panurge.*

∿∿∿∿∿∿

— En 1789, Monsieur témoigna le désir d'assister à l'une des premières séances de l'assemblée des notables qui se tenait à l'hôtel-de-ville.
Bailli, qui en était alors le président, fit pré-

parer une place d'honneur pour recevoir le frère du Roi. Quand Monsieur apprit ces préparatifs, il témoigna de l'humeur, et dit : Au milieu des notables de la nation, toute place est une place d'honneur.

— Tout en avouant le besoin de certaines réformes, Monsieur redoutait les innovations imprudentes. Un membre du bureau qui présidait à l'assemblée des notables, imbu des principes révolutionnaires, ayant, en sa présence, cité avec emphase ce vers de la tragédie de Strafort :

« La couronne a ses droits, mais le peuple a les siens. »

Le prince répondit sur-le-champ par cet autre vers de la même tragédie :

« Renverser un État n'est pas le réformer.

—Monsieur, frère du Roi, et Madame, se préparaient à suivre les princesses leurs tantes, et à quitter la France. Aussitôt des attroupemens se forment par impulsion, et viennent investir le palais du Luxembourg, résidence de Monsieur.

Une foule de peuple veut pénétrer dans ses appartemens, pour lui demander s'il est vrai qu'il pense à quitter le royaume. Monsieur n'attend pas que les portes de son palais soient forcées : il charge le comte Charles de Damas de les faire ouvrir; mais de ne laisser entrer que les femmes. Elles se présentent en grand nombre sous le costume de femmes de la halle : il était facile de reconnaître que la plupart avaient pris ce même déguisement qui avait couvert les plus grands excès, pendant l'attentat du 6 octobre. L'une d'elles aborde Monsieur, lui dit qu'on assurait partout qu'il voulait quitter Paris; qu'elle et ses compagnes le priaient de n'en rien faire, et que s'il avait quelqu'inquiétude, tout Paris et elles-mêmes, s'offraient de venir monter la garde au Luxembourg. « Je ne vois dans votre démar- » che, répond Monsieur, qu'une preuve d'intérêt » à laquelle je suis très-sensible; je n'ai aucune » inquiétude; je ne songe nullement à quitter » Paris ; jamais je ne me séparerai du Roi. » Cette réponse ne satisfit que le petit groupe de femmes qui se pressaient autour de celle qui avait porté la parole. « Mais si le Roi nous quittait, » reprit une autre en s'approchant du prince,

» vous nous resteriez, n'est-ce pas ?» La question était embarrassante. Se rappelant un trait du cardinal de Retz, et regardant fixement la personne qui venait de l'interpeller, Monsieur lui dit en souriant, et en haussant les épaules : « Pour » une femme d'esprit, vous me faites-là une ques- » tion bien bête. » Et toutes éclatant de rire, embrassent Monsieur et se retirent contentes. Leur mission était à peu près remplie, car ceux qui les faisaient agir n'avaient d'autre intention que d'accoutumer le peuple à ne plus respecter le palais des rois.

— Le marquis de Carlotti, noble véronais, était allé signifier au Roi, de la part du Sénat de Venise, que l'asile qui lui avait été donné cessait, et qu'il eût à sortir des États de la République dans le plus court délai. A cette notification, faite directement au Roi, sans qu'aucun avis l'eût prévenu, sans qu'aucun intermédiaire l'y eût préparé, le Roi répondit :

« Je partirai, mais j'exige deux conditions : » la première, qu'on me présente le livre d'or où » ma famille est inscrite, afin que j'en raye le nom

» de ma main ; la seconde, qu'on me rende l'ar-
» mure dont l'amitié de mon aïeul Henri IV a
» fait présent à la République.»

Le noble vénitien Pringli, Podesta de Vérone,
ayant protesté contre la réponse du Roi, ren-
voya le lendemain le marquis Carlotti porter au
Roi sa protestation.

« J'ai répondu hier, dit Louis XVIII, à ce que
» vous m'avez déclaré au nom de votre gouver-
» nement ; vous m'apportez aujourd'hui une pro-
» testation au nom du Podesta ; je ne la reçois
» pas ; je ne recevrai pas d'avantage celle du
» sénat. J'ai dit que je partirai ; je partirai en effet
» dès que j'aurai reçu le passe-port que j'ai en-
» voyé chercher à Venise ; mais je persiste dans
» ma réponse ; je me la devais, et je n'oublie pas
» que je suis le Roi de France. »

∿∿∿∿∿

— On rapporte que les soldats de l'armée
républicaine qui se trouvaient sur la rive gauche
du Rhin après l'affaire de Berstheim, étant ac-
courus pour voir le Roi, qui manifestait le désir
de leur adresser la parole, le duc d'Enghien
supplia le Roi de se rappeler que le réglement

de discipline défendait de parler aux troupes.
« Le mouvement de mon cœur est plus fort que les
» réglemens, dit le Roi, il faut que je leur parle. »
Puis, poussant son cheval sur les bords du Rhin ,
et s'adressant aux soldats : « Vous êtes curieux
» de voir le Roi , dit-il d'un voix forte ; eh bien !
» c'est moi qui suis votre Roi, ou plutôt votre
» père. Oui , vous êtes tous mes enfans ; je ne
» suis venu que pour mettre un terme aux mal-
» heurs de notre commune patrie ; ceux qui vous
» disent le contraire , vous trompent ; vos frères
» qui m'entourent, partagent le bonheur que j'ai
» d'être avec eux, et de me rapprocher de vous. »
Les soldats écoutaient en silence, avec une contenance embarrassée; on voyait qu'ils étaient fortement émus, mais que leurs sentimens étaient
contraints. Une voix s'élève, et dit : « Puisque
vous êtes bien aises de voir le Roi, criez *vive le
Roi!* — «Non ! non ! reprit vivement Louis XVIII,
» vous seriez entendus , et vous pourriez vous
» compromettre. » Le Roi reprit le chemin de
Riégel avec sa suite.

〰〰〰〰

— Le Roi s'était arrêté dans le plus strict

8

incognito, à Dillingen, petite ville près le Danube, appartenante à l'Électeur de Trèves. Il comptait se remettre ensuite en route pour aller chercher un asile en Saxe, en attendant, comme il l'avait dit en partant à ses braves compagnons d'armes, qu'il pût venir de nouveau combattre pour le salut de ses malheureux sujets.

— Le 19 juillet, le Roi étant dans son auberge à Dillingen, travailla tout l'après-midi pour expédier le comte d'Avaray, chargé d'aller présider à divers préparatifs concernant son voyage. Vers dix heures du soir, le comte se retira dans sa chambre pour y prendre quelque repos. Le Roi, fatigué lui-même par le travail et par l'extrême chaleur, s'était mis à la fenêtre : à peu de distance en arrière, des flambeaux posés sur une table éclairaient sa tête. Il était à peine resté un quart d'heure dans cette position, lorsque tout-à-coup la détonnation d'une carabine fortement chargée, se fit entendre dans l'obscurité d'une arcade voisine. L'arme meurtrière avait été dirigée sur le Roi, et la balle l'atteignant au sommet de la tête, frappa le mur et tomba dans la chambre. Au mouvement que fit le Roi, le duc de Fleury jeta un cri ; le duc de Grammont accourut ; le comte d'Avaray revint sur ses pas. En voyant le Roi couvert de sang, tous les trois le crurent blessé à mort. Le prince courageux leur dit avec tranquillité : « Rassurez-vous, mes amis, ce n'est rien, rien » du tout ; vous voyez bien que je suis resté de- » bout, quoique le coup soit à la tête. — Ah ! » mon maître, s'écrie le comte d'Avaray, si le » misérable eût frappé une demi-ligne plus bas ! » — Eh bien, mon ami, reprend froidement » Louis XVIII, le Roi de France se nommerait » Charles X. »

⌇⌇⌇⌇⌇

— Pendant que Louis XVIII habitait Hart- wel, il eut souvent occasion de s'entretenir avec le maître de poste de ce petit bourg. En 1816, le fils de ce maître de poste vint à Paris. Il vou- lut voir le Roi. Confondu dans la foule qui se pressait sur le passage du Monarque bien aimé, il fut aperçut du Prince, qui le reconnut aussitôt. « Ah ! c'est vous, dit le Roi, au fils de son ancien voisin d'exil, avec cette grâce enchanteresse, qu'il mettait à ses moindres mots ; ne vous cachez pas tant ; croyez-vous que j'oublie mes amis ? Venez me voir demain. » En effet, le lendemain, le fils du maître de poste fut admis dans le cabinet particulier de Sa Majesté, qui le combla de caresses. L'étranger sortit les larmes aux yeux et le cœur brisé.

~~~~~~~

— Il abrégeait les longues heures passées sur les terres étrangères en lisant les auteurs de l'ancienne Rome, et surtout Horace, qu'il aimait de prédilection, et qu'il savait par cœur. On dit même que quelques-unes de ces heures furent employées à faire passer dans notre langue les plus beaux morceaux de ce poëte. Un jour qu'un de ses serviteurs lui vantait sa patience et son courage à supporter l'exil : « Que voulez-vous, lui dit le Prince en lui montrant un volume qu'il lisait, voilà celui qui adoucit mes souffrances. » C'était un Horace.

~~~~~~~

— Le Roi qui, à son avénement, avait écrit à Pie VI, avec la piété la plus filiale, que le premier de ses soins serait de faire refleurir, dans son royaume, la religion catholique, apostolique et romaine ; le Roi qui, après lui avoir renouvelé ses sentimens de vénération pour sa personne, et de dévotion pour le Saint-Siége, avait demandé au Saint-Père sa bénédiction apostolique et paternelle, apprit avec une douleur profonde les malheurs, la persécution personnelle du Pape, et sa détention à la Chartreuse de Florence. Il lui écrivit le 5 avril *, de Mittau, une lettre de consolation conçue en ces termes :

« Très-Saint Père,

» Permettez qu'au milieu de l'affliction à la-
» quelle le cœur de Votre Sainteté est en proie,
» la voix d'un fils tendre et respectueux s'élève
» vers elle pour lui exprimer celle qu'il ressent
» lui-même. Ma tristesse pourrait être moins
» profonde, si les attentats commis contre Votre
» Béatitude l'avaient été par d'autres que par des
» Français. Mais, Très-Saint Père, ce sont des
» enfans égarés ; ils méconnaissent leur propre
» père ; ils ont pu méconnaître aussi le père

---

* 1798.

» commún des fidèles. Daignez ne pas vous en
» prendre à eux, bien moins encore à la France.
» Elle est, elle sera toujours le Royaume très-
» chrétien, comme Votre Sainteté sera toujours
» le successeur de saint Pierre. Les seuls cou-
» pables sont les tyrans qui abusent, ou plutôt
» qui oppriment mon peuple. Votre Sainteté ne
» confondra pas leurs victimes avec eux, et ses
» prières, plus agréables que jamais à Dieu, dans
» ces temps d'épreuves et de douleur, seront,
» j'ose l'en conjurer, plus spécialement dirigées
» en faveur de cette nation, qui ressent d'une
» manière si terrible les effets de la colère céleste.

» Quant à moi, Très-Saint Père, je renouvelle
» à Votre Sainteté les assurances de mon atta-
» chement inviolable au Saint-Siége, et de ma
» vénération pour votre personne sacrée, avec
» lesquels je suis,

» TRÈS-SAINT PÈRE,

» Votre très-dévot fils,

» LOUIS. »

<div style="text-align:center">~~~~~~~</div>

— Jamais le cœur paternel et français de
Louis XVIII n'avait pu soutenir l'idée de voir

Madame Royale séparée de la France par une alliance étrangère, quelque utile qu'elle pût alors lui paraître, pour en faire un appui. Après s'être assuré de l'approbation de cette Princesse, le Roi mit tout ses soins à obtenir qu'elle vînt s'unir, aux larmes, aux espérances, au sort de l'héritier de son nom. MADAME se mit en route pour Mittau vers le mois de mai 1799. Louis XVIII alla au-devant de sa nièce. Les voitures étaient près de se rencontrer, MADAME commande d'arrêter, et descend rapidement ; on essaie de la soutenir ; mais, s'échappant avec une vitesse incroyable, elle s'élance vers le Roi, qui, les bras étendus, accourait de son côté pour la serrer contre son cœur. Le Monarque ne put empêcher la Princesse de se jeter à ses pieds : « Je vous revois » enfin ; s'écrie-t-elle, je suis bien heureuse..... » Voilà votre enfant..... soyez mon père.... » Le Roi, sans pouvoir proférer une parole, serrant MADAME contre son sein, lui présenta le duc d'Angoulême. Le Prince, retenu par le respect, ne put s'exprimer que par des larmes qu'il laissa tomber sur la main de sa cousine, en la pressant contre ses lèvres. Le Roi la conduisit au château. Là elle reçut les tendres caresses de la Reine, et les hommages touchans des fidèles serviteurs de sa famille. Rayonnant de joie, le Roi voyait avec émotion tous les yeux attendris et fixés sur l'auguste Princesse. « Enfin, elle est à nous » répétait-il, avec l'accent de la plus douce satis- » faction ; nous ne la quitterons plus, nous ne » sommes plus étrangers au bonheur. » Apercevant dans la foule l'abbé de Frimont, il présente la Princesse à ce digne ecclésiastique, mettant ainsi en présence deux personnages qui rappelaient tant d'illustres et de touchans souvenirs. Chacun alors se recueille avec une profonde vénération, et le silence devient universel. A ce pieux et premier mouvement de la reconnaissance, un second élan succède. Le Roi conduit Madame Royale au milieu des gardes-du-corps : « Voilà, lui dit-il, les fidèles gardes de ceux que » nous pleurons sans cesse : leur âge, leurs bles- » sures et leurs larmes, vous disent tout ce que » je voudrais exprimer.... »

Le Roi pressa les préparatifs du mariage de Madame Royale avec le duc d'Angoulême. C'était son ouvrage. Dans la matinée du 10 juin, le Roi et la Reine vinrent prendre le Prince et la Princesse, chacun dans son appartement, et les conduisirent à la bénédiction nuptiale, dans une vaste galerie du château des anciens ducs de Courlande. Un autel y avait été dressé ; des branches de verdure et de lilas, dans lesquelles s'entrelaçait des lis et des roses, formait le seul ornement de l'enceinte. Là, dans ce simple appareil, les rejetons de tant de Rois, les héritiers du premier trône de l'Europe, relégués loin du beau pays qui les avait vus naître, prononcèrent le serment de leur union ; là, sous la protection du Ciel, et sous les auspices de l'empereur de Russie, ils reçurent la bénédiction nuptiale des mains du cardinal de Montmorency, grand-aumônier de France. Le Czar avais signé le contrat de mariage, et il en reçut le dépôt dans les archives de son sénat.

Au repas donné à cette occasion, où se trouvaient, parmi les seigneurs attachés à la famille Royale, quelques anciens députés aux États-Généraux, le Roi dit à toute l'assemblée, avec ce ton de bonté qui le caractérise : « C'est ici la » fête des Français : mon bonheur serait complet, » si j'avais pu y réunir tous ceux qui se sont signalés » comme vous par une fidélité courageuse envers » le Roi mon frère. »

(70)

Le même jour, le Roi fit part de cette célé-
bration au prince de Condé. Le premier para-
graphe de sa lettre était conçu en ces termes :
« Enfin, mon cher cousin, un de mes vœux les
» plus ardens est accompli; mes enfans sont unis.
» Je retrouve dans ma nièce, avec un attendris-
» sement plus facile à sentir qu'à exprimer, les
» traits réunis des infortunés auteurs de ses jours.
» Cette ressemblance si douce et si déchirante à
» la fois, me la rend plus chère, et doit redoubler
» l'intérêt qu'elle mérite si bien par elle-même
» d'inspirer à tout bon Français. Le mariage a été
» célébré ce matin : je m'empresse de vous l'ap-
» prendre, bien sûr que vous partagerez ma joie. »

Le prince de Condé reçut, sous les murs de
Prague et pendant sa longue route à travers la
Moravie et la Bohême, la lettre du Roi. Il en fit
mettre à l'ordre le passage suivant :

« Annoncez cette heureuse nouvelle à l'armée :
» elle ne peut paraître que de bon augure à vos
» braves compagnons, au moment où ils vont
» rentrer, sur vos traces, dans la carrière qu'ils
» ont si glorieusement parcourue. Ajoutez-leur
» de ma part que j'ai commencé à retrouver le
» bonheur ; mais il ne sera complet pour moi que

» le jour où je pourrai me trouver parmi eux au
» poste où l'honneur m'appelle. »

Dans sa lettre adressée à ses envoyés et à ses
agens, le Roi s'exprimait en ces termes : « Cette
» alliance me comble de joie ; mais quelque
» bonheur personnel qu'elle me promette, c'est
» bien moins encore pour moi que j'en jouis que
» pour mes fidèles sujets. Ils verront avec atten-
» drissement l'unique rejeton du Roi martyr
» que nous pleurons, fixé à jamais auprès du
» trône. Et moi, lorsque la mort sera venue
» m'empêcher de travailler à leur bonheur, je
» leur aurai au moins donné une mère, qui ne
» pourra jamais oublier ses propres infortunes,
» qu'en rendant ses enfans heureux, et à laquelle
» la Providence a accordé toutes les vertus et les
» qualités nécessaires pour réussir. »

— Le 26 février 1803, un envoyé du cabinet
de Berlin se présente chez Louis XVIII, et lui
fait, dans les termes les plus mesurés, mais les
plus pressans et les plus persuasifs, la proposi-
tion de renoncer au trône de France, et d'exiger
la même renonciation de tous les membres de

sa famille; il ajoute que, pour prix de ce sacri-
fice, Bonaparte est disposé à assurer au Roi des
indemnités en Italié, et même une existence
brillante. Le Roi, qu'animait ce sentiment noble
et profond que le malheur fortifie dans les âmes
élevées, sentiment qui l'attachait autant à ses
droits qu'au bonheur de la France, fit sur-le-
champ, avec autant de présence d'esprit que de
dignité, la réponse suivante, qu'il remit par écrit
le surlendemain à l'envoyé de Prusse.

«Je ne confonds pas M. Bonaparte avec ceux
» qui l'ont précédé : j'estime sa valeur, ses talens
» militaires; je lui sais gré de plusieurs actes
» d'aministration; car le bien qu'on fera à mon
» peuple me sera toujours cher; mais il se trompe,
» s'il croit m'engager à transiger sur mes droits:
» loin de là, il les établirait lui-même, s'ils pou-
» vaient être litigieux, par la démarche qu'il fait
» en ce moment.

» J'ignore quels sont les desseins de Dieu sur
» ma race et sur moi; mais je connais les obliga-
» tions qu'il m'a imposées par le rang où il lui a
» plu de me faire naître. Chrétien, je remplirai
» ces obligations jusqu'à mon dernier soupir; fils
» de saint Louis, je saurai, à son exemple, me

» respecter jusque dans les fers : successeur de
» François Ier, je veux du moins pouvoir dire
» comme lui : Nous avons tout perdu, hors l'hon-
» neur. » Le duc d'Angoulême écrivit au bas d'une
si noble déclaration : « Avec la permission du
» Roi mon oncle, j'adhère de cœur et d'âme au
» contenu de cette note. »

L'envoyé parut craindre qu'elle n'irritât Bonaparte au point de le porter à user de son
influence pour aggraver les malheurs du Roi.
On lui répondit que la note était aussi noble
que modérée ; que Bonaparte aurait tort de s'en
plaindre, puisque, si on l'avait appelé rebelle
et usurpateur, on ne se serait servi que d'expression consacrées dans le langage de la vérité. A
ces mots, l'envoyé fit entrevoir qu'il serait possible que Bonaparte exigeát de certaines puis-
sances qu'elles retirassent les subsides destinés
au Roi. « Je ne crains pas la pauvreté, répliqua
» le Roi ; s'il le fallait, je mangerais du pain
» noir avec ma famille et mes fidèles serviteurs ;
» mais, ne vous y trompez pas, je n'en serai
» jamais réduit là ; j'ai une autre ressource dont
» je ne crois pas devoir user tant que j'ai des
» amis puissans, c'est de faire connaître mon

» état en France, et de tendre la main, non au
» gouvernement usurpateur : cela jamais, mais
» à mes fidèles sujets; et, croyez-moi, je serais
» bientôt plus riche que je ne le suis. » A ces
mots, l'envoyé parut craindre pour le Roi qu'on
ne fût contraint de le priver d'un asile dans les
États soumis à l'influence du conquérant, qui
avait résolu de régner à sa place. « Je plaindra
» le souverain, dit le Roi, qui se croira forcé
» de prendre un parti de ce genre, et je m'en
» irai. »

— Le premier mouvement de Louis XVIII,
en entrant aux Tuileries, le 3 mai 1814, fut de
se jeter à genoux, et de s'écrier au milieu des
courtisans qui le saluaient de toutes parts :
O, mon frère! que n'avez-vous vu cette journée...
Vous en étiez plus digne que moi.

— Le vieux Maréchal Moncey, nommé com-
mandant de la Garde nationale par Bonaparte,
quelque temps avant sa chute, fut présenté à
St-Ouen, à Sa Majesté, qui le combla d'amitié,

et lui dit entre autres paroles obligeantes : « Je sais, Monsieur le Maréchal, tout le bien que vous avez fait, et tout le mal que vous avez empêché. »

∿∿∿∿∿∿

— Une des plus belles réponses qu'on cite de Louis XVIII, est celle qu'il adressa à M. le prince de Neufchâtel, le 3 mai au matin, dans le château de Compiègne, lequel venait pour le haranguer.

« C'est sur vous, Messieurs les Maréchaux de
» France, que je veux toujours m'appuyer. Ap-
» prochez, et entourez-moi ! Vous avez toujours
» été bons Français : j'espère que la France
» n'aura plus besoin de votre épée. Si jamais,
» ce que Dieu ne veuille, on nous forçait à la
» tirer, tout goutteux que je suis, je marcherais
» avec vous ! »

∿∿∿∿∿∿

— La lettre que Louis XVIII, après sa rentrée dans la capitale, écrivit à l'Empereur de Russie, pour lui demander les prisonniers français, ne fait pas moins d'honneur au cœur qu'à l'esprit du Prince.

Le sort des armes a fait tomber dans les mains de Votre Majesté plus de 150,000 prisonniers : ils sont Français, pour la plus grande partie ; que m'importe sous quels drapeaux ils ont servi ; ils sont malheureux, je ne vois parmi eux que mes enfans. Je les recommande à la bonté de Votre Majesté. Qu'elle daigne considérer combien un grand nombre d'entre eux a déjà souffert ; et à adoucir la rigueur de leur sort. Puissent-ils apprendre que leur vainqueur est l'ami de leur père. Votre Majesté ne peut me donner une preuve plus touchante de ses sentimens pour moi.

—La mémoire du Roi était citée comme un prodige, il savait par cœur les meilleurs auteurs, latins et français ; les plus grandes tirades s'imprimaient dans son esprit après une simple lecture.

Ducis, un des quarante de l'Académie française (alors Institut), ayant été présenté au Roi, le 13 mai 1814, l'auteur d'Othello dit à S. M. : « J'espère, Sire, que vous n'avez pas oublié l'un de vos plus anciens serviteurs, autrefois secrétaire de S. A. R. Monsieur. Voici une preuve que je m'en souviens très-bien, répondit le Roi ; et tout de suite, avec un sentiment et une grâce inexprimables, Sa Majesté récita devant le vieux Ducis, les vers suivans d'Œdipe chez Admète.

> Oui, tu seras un jour, chez la race nouvelle,
> De l'amour filial le plus parfait modèle ;
> Tant qu'il existera des pères malheureux,
> Ton nom consolateur sera sacré pour eux.

Quelque temps après, Ducis reçut la décoration de la Légion d'honneur, qu'il n'avait jamais voulu accepter de Bonaparte.

~~~~~~~~

— Tout le monde sait que Louis XVIII, homme privé, eût brillé par les grâces et la finesse de l'esprit. On cite de lui une foule de saillies heureuses et de jolis mots qui auraient fait fortune dans les salons du dix-huitième siècle.

Le prince de *** venait de faire sa paix avec Mme ***, sa femme, qui était attendue de jour en jour à Paris. Un dimanche, au milieu d'un cercle brillant de grands dignitaires, Louis XVIII s'ap-
~~~~~~~~

proche de *** : « Eh bien, dit Sa Majesté, est-il
» vrai que votre femme revienne? » *** incline
la tête. « Il paraît, reprit le Roi, que vous aurez
» aussi votre 20 Mars. »

—Est-ce à mon âge, répétait souvent Louis
XVIII, avec un corps souffrant comme le mien,
que je puis aimer le trône? C'est pour mes ne-
veux que je travaille : je suis là pour eux, je
veux guérir les blessures de la malheureuse
France. Oh! puissent mes successeurs apprendre
de moi à rendre les Français aussi heureux qu'ils
ont été infortunés!

— On rapporte que le jour de la St-Louis,
S. A. R. Monsieur, témoignant à son auguste
frère, la douleur qu'il avait de le voir malade,
le Roi répondit en souriant : «Vous ne savez donc
pas, mon Frère, que les Rois meurent; mais ne
sont jamais malades. » Ce jour même il reçut les
Officiers de la Garde nationale, auxquels il
adressa de vive voix des paroles d'amitié.

—Louis XVIII avait une piété sincère, mais sans

superstition. Dans sa jeunesse, il fit un voyage pour visiter les places fortes de nos frontières d'Allemagne. Pendant son séjour à Metz, le Rabbin, et les principaux de la Synagogue, vinrent au-devant de lui avec la Bible écrite sur un rouleau de parchemin, objet de la haute vénération des Hébreux. Le Prince se sentit ému de respect à la vue d'un vieillard à barbe blanche, couvert d'une grande tunique. De retour à l'hôtel où il logeait, il exprima avec beaucoup de chaleur l'impression que ce vénérable vieillard avait faite sur lui : Un courtisan témoigna sa surprise au Prince. — *Juif ou Chrétien, que m'importe, dit S. A. R., je rends hommage à la vertu partout où elle se trouve.*

— L'abbé Leduc, fils naturel de Louis XV et de Melle Tiercelin, était à Sainte-Pélagie à la première restauration. Le Roi l'apprend par un de ses Ministres : « Faites sortir l'abbé, et payez-lui ses dettes : il ne faut pas qu'il soit dit qu'un Bourbon, même du côté gauche, manque à sa parole. »

FIN.

www.ingramcontent.com/pod-product-compliance
Lightning Source LLC
Chambersburg PA
CBHW061253060726

47596CB00002B/578